BEI GRIN MACHT SICH IHR WISSEN BEZAHLT

AF136948

- Wir veröffentlichen Ihre Hausarbeit,
  Bachelor- und Masterarbeit

- Ihr eigenes eBook und Buch -
  weltweit in allen wichtigen Shops

- Verdienen Sie an jedem Verkauf

Jetzt bei www.GRIN.com hochladen und kostenlos publizieren

Bibliografische Information der Deutschen Nationalbibliothek:

Die Deutsche Bibliothek verzeichnet diese Publikation in der Deutschen National-bibliografie; detaillierte bibliografische Daten sind im Internet über http://dnb.d-nb.de/ abrufbar.

Dieses Werk sowie alle darin enthaltenen einzelnen Beiträge und Abbildungen sind urheberrechtlich geschützt. Jede Verwertung, die nicht ausdrücklich vom Urheberrechtsschutz zugelassen ist, bedarf der vorherigen Zustimmung des Verla-ges. Das gilt insbesondere für Vervielfältigungen, Bearbeitungen, Übersetzungen, Mikroverfilmungen, Auswertungen durch Datenbanken und für die Einspeicherung und Verarbeitung in elektronische Systeme. Alle Rechte, auch die des auszugsweisen Nachdrucks, der fotomechanischen Wiedergabe (einschließlich Mikrokopie) sowie der Auswertung durch Datenbanken oder ähnliche Einrichtungen, vorbehalten.

Impressum:

Copyright © 2018 GRIN Verlag
Druck und Bindung: Books on Demand GmbH, Norderstedt Germany
ISBN: 9783346084682

Dieses Buch bei GRIN:

https://www.grin.com/document/511375

Sandra Rebholz

Ausdauertraining. Trainingsplan im Mesozyklus

GRIN Verlag

GRIN - Your knowledge has value

Der GRIN Verlag publiziert seit 1998 wissenschaftliche Arbeiten von Studenten, Hochschullehrern und anderen Akademikern als eBook und gedrucktes Buch. Die Verlagswebsite www.grin.com ist die ideale Plattform zur Veröffentlichung von Hausarbeiten, Abschlussarbeiten, wissenschaftlichen Aufsätzen, Dissertationen und Fachbüchern.

Besuchen Sie uns im Internet:

http://www.grin.com/

http://www.facebook.com/grincom

http://www.twitter.com/grin_com

Einsendeaufgabe

Fachmodul:	Trainingslehre II
Studiengang:	BFÖ
Datum Präsenzphase:	03.12.18 – 05.12.18
Name, Vorname:	Rebholz, Sandra
Studienort:	München
Semester:	WS17

Inhaltsverzeichnis

1 Diagnose der Testperson

Die Diagnose stellt den aktuellen Gesundheits- und Leistungszustand der Testperson dar, bezogen auf die spätere Belastbarkeit während des Ausdauertrainings. Anhand der Anamnese lassen sich die meisten Daten, wie zum Beispiel Blutdruck oder Körperfettanteil, mittels Normwerten vergleichen und bewerten. Die Daten der Testperson werden zur späteren Analyse zusammenfassend aufgeführt und der Ausdauertest auf dem Fahrradergometer wird durchgeführt.

1.1 Allgemeine und biometrische Daten

Tab. 1: Allgemeine und biometrische Daten der Testperson

Alter	43 Jahre
Geschlecht	männlich
Körpergröße in m	1,83m
Körpergewicht in kg	86kg
berufliche Tätigkeit	Bürokaufmann, Vollzeitjob 40h/Woche, 90% sitzende Tätigkeit
aktuelle sportliche Tätigkeit	Freizeittennis (45min./Woche) sonntags 2h spazieren mit der Familie
Sportliche Vorgeschichte	Aktiver Tennisspieler Jugend bis zum 18. Lebensjahr (4,5h/Woche), ab und an Ausdauereinheiten
Trainingsmotive	Bierbauch reduzieren, Erhöhung Ausdauerleistungsfähigkeit, mehr Bewegung
zeitliche Verfügbarkeit	Ein Training wäre jeden Abend möglich, außer am Wochenende
Taillenumfang/Hüftumfang in cm, daraus resultierend Taille-Hüft-Quotient (THQ)	91cm/78cm THQ = 1,17
Körperfettanteil in %	24%
Body Mass Index (BMI)	25,7
Blutdruck	118/65 mmHg
Ruhepuls	77 S/min.
allgemeiner gesundheitlicher Zustand	Fühlt sich gut, nicht eingeschränkt
Krankheiten, Medikamenteneinnahme, Risikofaktoren, gesundheitliche Einschränkungen	Keine chronischen und akuten Erkrankungen, Medikamente, Risikofaktoren und gesundheitliche Einschränkungen

Tab. 2: Bewertung Diagnosedaten der Testperson

Taille-Hüft-Quotient (THQ): 1,17	Norm: < 1	Bewertung: Ungünstige Körperfett-verteilung, androider Typ
Körperfettanteil: 24%	Norm: 11-22%	Bewertung: zu hoch
BMI: 25,7	Norm: 18,5-24,99	Bewertung: Übergewicht
Blutdruck: 118/65 mmHg	Norm: 120/80 mmHg	Bewertung: normal
Ruhepuls: 77 S/min.	Norm: 60-80 S/min	Bewertung: normal

Tab. 3: Blutdrucknormwerte (modifiziert nach Chalmers et al., 1999, S. 11–12)

Bewertungsstufen	Systolischer Blutdruck (mmHg)	Diastolischer Blutdruck (mmHg)
Normalblutdruck		
optimal	<120	<80
normal	<130	<85
hochnormal	130-139	85-89
Bluthochdruck (arterielle Hypertonie)		
Stufe 1	140-159	90-99
Stufe 2	160-179	100-109
Stufe 3	>180	>110

Tab. 4: Einstufung der BMI-Normwerte (modifiziert nach WHO Consultation, 1999, S. 9)

Klassifizierung	BMI
Untergewicht	<18,5
Normalgewicht	18,5-24,99
Übergewicht	≥25,0
Leichtes Übergewicht	25,0-29,99
Fettleibigkeit Stufe 1	30,0-34,99
Fettleibigkeit Stufe 2	30,5-39,99
Fettleibigkeit Stufe 3	≥40,0

Tab. 5: Klassifizierung Körperfett (modifiziert nach Gallagher et al., 2000)

Männer				
Alter	niedrig	normal	hoch	sehr hoch
40-59	< 11%	11-22%	22-28%	≥ 28%

Der Normalbereich der Ruheherzfrequenz liegt nach Hollmann, Strüder, Predel & Taga-rakis (2006, S. 95) zwischen 60 S/min. und 80 S/min. Somit ist auch von Seiten der Hf$_{Ruhe}$ ein Ausdauertraining möglich. Die oben aufgeführten Daten der Testperson, so-wie die Bewertung, zeigen, dass ein Ausdauertest auf dem Fahrradergometer unbedenk-lich ist und durgeführt werden kann.

Auch ein darauffolgendes Ausdauertraining kann die Testperson ohne Bedenken aus-führen, da sich der Blutdruck im normalen Bereich befindet und er sich in guter körper-licher und gesundheitlicher Verfassung sieht.

1.2 Leistungsdiagnostik/Ausdauertestung

Für die Testperson wurde der Hollmann-Venrath-Test auf dem Fahrradergometer aus-gewählt und durchgeführt. Der 40-jährige betätigt sich gerade zwar nicht ausreichen sportlich, dennoch wurde ihm, durch die vorherige Anamnese, eine zu erreichende Wattzahl von 150 zugetraut, die durchaus ausschlaggebend für die Durchführung des Hollmann-Venrath-Tests ist. In seiner Jugend, als aktiver Tennisspieler, absolvierter er ab und an Ausdauereinheiten, somit ist er diesen ein wenig vertraut. Der Vita-Maxima-Test ist für die Testperson nicht empfehlenswert, da ihm hierfür die geeignete Grund-ausdauer fehlt und der Test eher für Leistungssportler angewendet wird. Die Testperson wurde auf einem Fahrradergometer getestet, der den Testvoraussetzungen entspricht und somit in Frage kommt.

Tab. 6: Testverlauf mit dem Fahrradergometer nach Hollmann & Venrath

Watt	Dauer	Herzfrequenz
30	0-3 Minuten	98 S/min.
70	3-6 Minuten	112 S/min.
110	6-9 Minuten	127 S/min.
150	9-12 Minuten	135 S/min.

Aus Tab. 6 kann der gesamte Testverlauf entnommen werden. Der Hollmann & Ven-rath-Test verläuft während der gesamten Testdauer als Stufentest. Nach vorherigem Warm-Up lag die Einstiegswattzahl bei 30 Watt und steigerte sich je Stufe um weiter 40 Watt. Eine Stufe wurde drei Minuten durchfahren. Nach IPN liegt die Voreinstufung der Pulsobergrenze für die Testperson bei 135 S/min., die auch somit als Abbruchkriterium des Tests gilt. Tab. 7 verdeutlicht dies anhand der Hf$_{Ruhe}$ und des Lebensalters der Testperson. Da sich im Alltag der Testperson keine ausdauerrelevante Aktivität befindet, erfolgt auch kein Pulsaufschlag auf die Voreinstufung (Trunz-Carlisi, 2004, S. 4). Die relative Watt-Soll-Leistung liegt demnach bei 1,74 Watt/kgKG. Demzufolge liegt die Testperson laut IPN im unteren durchschnittlichen Bereich (Tab.8).

Tab. 7: Voreinstufung nach dem Alter und der Ruheherzfrequenz in S/min. (modifiziert nach Trunz-Carlisi, 2004, S. 4)

Hf_{Ruhe}/Alter	< 20	20-29	30-39	40-49	50-59	60-69	≥ 70
< 50	140	135	130	125	120	115	110
50-59	145	140	135	125	120	115	110
60-69	145	145	135	130	125	120	115
70-79	150	145	140	135	130	125	120
80-89	155	150	145	140	135	125	125
≥ 90	160	155	150	145	135	130	125

Tab. 8: relative Watt-Soll-Leistung pro Kg für Männer (modifiziert nach Trunz-Carlisi, 2004, S. 8)

Alter / Belastungsfaktor	< 30	30-34	35-39	40-44	45-49	50-54	55-59	ab 60	Bewertung
0,59	1,90	1,81	1,71	1,62	1,52	1,43	1,33	1,24	-
0,6	2,00	1,90	1,80	1,70	1,60	1,50	1,40	1,30	Ø
0,61	2,20	2,09	1,98	1,87	1,76	1,65	1,54	1,43	Ø
0,62	2,40	2,28	2,16	2,04	1,92	1,80	1,68	1,56	Ø
0,63	2,60	2,47	2,34	2,21	2,08	1,95	1,82	1,69	+

Der erhaltene Belastungsfaktor von 0,6 kann jetzt in die IPN- Formel eingesetzt werden, und so die Trainingsherzfrequenz (THF) der Testperson berechnen werden. Die Formeln unterscheiden sich anhand des ausgewählten Ausdauergeräts und lassen sich wie folgt berechnen (Trunz-Carlisi 2004, S. 10):

- Fahrrad- & Ruderergometer:

   $THF = [(220 - LA^*) - Hf_{Ruhe}] \times Bf^* + Hf_{Ruhe}^*$

- Laufen, Crosstrainer, Stepper

   $[(220 - \frac{3}{4} LA) - Hf_{Ruhe}] \times Bf + Hf_{Ruhe}^*$

(*LA=Lebensalter; Bf=Belastungsfaktor; Hf_{Ruhe}=Ruheherzfrequenz)

Bei der späteren Mesozyklusplanung wird jedoch zur Berechnung der Pulsober- und Untergrenze die ACSM-Formel verwendet.

1.3 Gesundheits- und Leistungsstatus der Person

Wie bereits die Tabelle 8 in Kapitel 1.2 zeigt, liegt der Leistungsstatus der Testperson im unteren durchschnittlichen Bereich nach den Normwerten von (Trunz-Carlisi, 2004). Deshalb wird zu aller erst die Grundausdauer der Person aufgebaut. Die Testperson und deren Körper ist kein Ausdauersport gewohnt und muss sich erst einmal an die neue Belastung gewöhnen. Natürlich wird nach jedem Mesozyklus ein neuer Ausdauertest durchgeführt, um den Leistungsstatus ständig zu kontrollieren und gegebenenfalls das Training neu anzupassen.

Anhand der in der Anamnese angegebenen Daten zum Gesundheitszustand, lässt sich schließen, dass der Blutdruck, sowie die Ruheherzfrequenz im normalen Bereich liegen und ein Ausdauertraining unbedenklich ist (Chalmers et al., 1999, S. 9; Hollmann, Strüder, Predel & Tagarakis, 2006, S. 95). Einzig und allein bedenklich ist die androide Fettverteilung der Testperson. Denn der sogenannte Bierbauch (Apfelform) ist gesundheitsschädlicher als die gynoide Fettverteilung, da das Körperfett sich um die Organe verteilt (Löffler 1997, A-2003).

2 Zielsetzung/Prognose

Tab. 9: Ziele der Testperson, klassifiziert nach Inhalt, Ausmaß und Zeit

Ableitung von Zielen:		
Inhalt: Körperfettreduktion	**Ausmaß:** Normalbereich (-2%)	**Zeit:** 5 Monate
Inhalt: Senkung Ruhepuls	**Ausmaß:** Unteren Normalbereich (unter 70 S/min.)	**Zeit:** 6 Monate
Inhalt: Steigerung der relativen Watt-Soll-Leistung im Ausdauertest	**Ausmaß:** (+)-Bereich nach IPN	**Zeit:** 3 Monate

Auf Grund des zuvor aufgeführten Gesundheitsstatus und den Voraussetzungen der Testperson, werden die Ziele an die genannten Trainingsmotive der Person angepasst. Die Körperfettreduktion stand beim Kunde an erster Stelle und wird auch hier eines der Ziele sein. Abdominal-viszerales Körperfett bring nachgewiesen mehr später entstehende Krankheiten mit sich, als die gluteal-femorale Körperfettverteilung. Typ-II-Diabetes, metabolisches Syndrom und Erkrankungen des kardiovaskulären Systems können die Folge eines „Bierbauches" sein (Löffler 1997, A-2003). Verbunden mit der Körperfettreduktion um mindestens 2%, als Wunsch des Kunden und aus gesundheitlichen Gründen, verändert sich auch der Taille-Hüft-Quotient in den gesundheitsfordernden Bereich bei Männern unter 1 (Hauner, Gries, Wechsler & Schusdziarra, 1996, A-2215). Zusätzlich verändert sich auch der BMI der Testperson in den Normalbereich unter 25.

Die relative Watt-Soll-Leistung wird nach jedem Mesozyklus, anhand eines erneuten Ausdauertests, der unter den gleichen Bedingungen stattfindet als der Eingangstest, neu getestet. Die Steigerung der relativen Watt-Soll-Leistung bedeutet gleichzeitig auch eine Verbesserung der allgemeinen Ausdauerleistungsfähigkeit des Kunden. Bei regelmäßig betreibendem Ausdauersport und Einhalten des Trainingsplans, ist die Zielerreichung auf drei Monate terminiert. Der Testperson ihre relative Watt-Soll-Leistung sollte sich von 1,74 Watt/kgKG auf mindestens 2,21 Watt/kgKG steigern.

Das letzte definierte Ziel ist die Senkung des Ruhepuls. Zwar liegt die Testperson noch im Normalbereich, jedoch an der oberen Grenze. Kontinuierliches Ausdauertraining führt auch zu Anpassungserscheinungen des Herzens und somit zur Senkung des Ruhepulses (Friedemann 2017, S. 9; Zintl & Eisenhut, 2001).

3 Trainingsplanung Mesozyklus

3.1 Grobplanung Mesozyklus

Tab. 10: Mesozyklusplanung

Mesozyklus	
Dauer	6 Wochen
Trainingsziel	Aufbau und Stabilisierung der GA1
Belastungsumfang/Woche	40min.-3h/Woche
Trainingsmethode	extensive Dauermethode
Trainingsintensität	50-60% Hf_{max} (regenerativ) 60-70% Hf_{max} (extensiv)
Trainingshäufigkeit/Woche	2-3x/Woche
Dauer pro TE	20-30min. (regenerativ) 20-75min.(extensiv)
Trainingsgeräte	Crosstrainer Laufband

3.2 Detailplanung Mesozyklus

Tab. 11: Detailplanung sechswöchiger Mesozyklus

Woche 1	Mo	Do
Trainingsziel	Aufbau & Stabi. GA1	Aufbau & Stabi. GA1
Trainingsmethode	extensive DM	extensive DM
Trainingsintensität	60-65% Hf_{max}	60-65% Hf_{max}
Pulsober- & Untergrenze	106-115 S/min.	106-115 S/min.
Trainingsdauer	20min.	20min.
Trainingsgerät	Laufband	Crosstrainer
Woche 2	Mo	Do
Trainingsziel	Aufbau & Stabi. GA1	Aufbau & Stabi. GA1
Trainingsmethode	extensive DM	extensive DM
Trainingsintensität	60-65% Hf_{max}	60-65% Hf_{max}
Pulsober- & Untergrenze	106-115 S/min.	106-115 S/min.
Trainingsdauer	40min.	30min.
Trainingsgerät	Laufband	Crosstrainer
Woche 3	Mo	Do
Trainingsziel	Aufbau & Stabi. GA1	Aufbau & Stabi. GA1

Trainingsmethode	extensive DM	extensive DM
Trainingsintensität	60-65% Hf_{max}	60-65% Hf_{max}
Pulsober- & Untergrenze	106-115 S/min.	106-115 S/min.
Trainingsdauer	45min.	40min.
Trainingsgerät	Crosstrainer	Laufband

Woche 4	Mo	Mi	Fr
Trainingsziel	Aufbau & Stabi. GA1	Aufbau & Stabi. GA1	Aufbau & Stabi. GA1
Trainingsmethode	extensive DM	extensive DM	extensive DM
Trainingsintensität	60-65% Hf_{max}	60-65% Hf_{max}	60-65% Hf_{max}
Pulsober- & Untergrenze	106-115 S/min.	106-115 S/min.	106-115 S/min.
Trainingsdauer	50min.	60min.	60min.
Trainingsgerät	Laufband	Crosstrainer	Laufband
Woche 5	Mo	Mi	Fr
Trainingsziel	Aufbau & Stabi. GA1	Aufbau & Stabi. GA1	Aufbau & Stabi. GA1
Trainingsmethode	extensive DM	extensive DM	extensive DM
Trainingsintensität	65-70% Hf_{max}	50-60% Hf_{max}	65-70% Hf_{max}
Pulsober- & Untergrenze	115-124 S/min.	89-106 S/min.	115-124 S/min.
Trainingsdauer	70min.	20min.	70min.
Trainingsgerät	Crosstrainer	Crosstrainer	Laufband
Woche 6	Mo	Mi	Fr
Trainingsziel	Aufbau & Stabi. GA1	Aufbau & Stabi. GA1	Aufbau & Stabi. GA1
Trainingsmethode	extensive DM	extensive DM	extensive DM
Trainingsintensität	60-65% Hf_{max}	65-70% Hf_{max}	50-60% Hf_{max}
Pulsober- & Untergrenze	106-115 S/min.	115-124 S/min.	89-106 S/min.
Trainingsdauer	75min.	75min.	30min.
Trainingsgerät	Laufband	Crosstrainer	Crosstrainer

3.3 Begründung zum Mesozyklus

Anhand des zuvor durchgeführten Ausdauertest nach Hollmann & Venrath auf dem Fahrradergometer, lässt sich die maximale Herzfrequenz (Hf_{max}) für die ausgewählten Trainingsgeräte nach der ACSM-Formel wie folgt berechnen:

Hf_{max}=220-LA(Lebensalter) (Such & Meyer, 2010, S. 1). Dementsprechend lässt sich die gewünschte Pulsober- und Untergrenze der Testperson mit der jeweils entsprechenden Trainingsintensität als Belastungsfaktor berechnen. Diese ist abhängig von der Trainingsmethode und Trainingsdauer.

Da die Testperson derzeit nur 45 Minuten Sport pro Woche treibt und bis dato kein Ausdauertraining betreibt, wird der Aufbau und die Stabilisierung der Grundausdauer 1 (GA1) als Trainingsziel festgelegt. Da die GA1 mit der extensiven Dauermethode (DM) in Verbindung gesetzt wird, ist dies die Trainingsmethode die für den Mann als Einsteiger über den sechswöchigen Mesozyklusplan ausgewählt wird, um eine Ausdauergrundlage zu schaffen (Oliver, Marschall & Büsch, 2008, S. 158). Von einer andere Trainingsmethode wird hier am Anfang abgeraten, da sie nicht die gewünschten Ziele erreichen würden (Zintl & Eisenhut, 2001, S. 137). Das GA1 Training bewirkt eine Verbesserung des Feststoffwechsels, welcher zum Großteil an der Gewichtsreduktion beteiligt ist, welches auch das Ziel der Testperson ist. Desweiteren ist die extensive Dauermethode ausschlaggebend für die Ökonomisierung der Herz-Kreislauf-Arbeit, sowie zur Senkung der Ruheherzfrequenz (Zintl & Eisenhut, 2001). Zudem fordert sie die Verbesserung des aeroben Stoffwechsels, was bedeutet, dass die extensive Dauermethode mit einer Belastung von 60-70% der Hf_{max} zwischen der aeroben und anaeroben Schwelle, und somit im aerob-anaeroben Übergangsbereich liegt. Ein überschwelliger Reiz und demzufolge Anpassungserscheinungen können erst ab einer Intensität von über 60% der Hf_{max} geschehen. Was bedeutet, dass die aerobe Schwelle ab dieser Belastung durchbrochen wird und eine Laktatausschüttung von über 2 mmol/l stattfindet (Schurr, 2003, S. 14). Denn auch in Ruhe beträgt unser Laktatspiegel im Blut 2 mmol/l (Holfeld, Proske & Wiskamp, o. J., S. 4). Jedoch stehen in diesem Übergangsbereich die Laktatausschüttung und der Laktatabbau immer noch im Gleichgewicht, was infolgedessen die Ausdauerleistungsfähigkeit steigert (Universität des Saarlandes, 2016).

Da die Testperson blutiger Einsteiger im Ausdauertraining ist, wird die Häufigkeit des Trainings in den ersten drei Wochen des Mesozyklus auf zweimal die Woche beschränkt. Dennoch wird die Belastung kontinuierlich pro Woche gesteigert, um einen trainingswirksamen Reiz zu erzielen und eine Stagnation zu verhindern. Hier wird in den ersten drei Wochen ein Übertraining der Testperson verhindert, das sogar zum Leistungsabfall führen könnte (Moosburger 1996, S. 1). Gemäß dem dritten Trainingsprinzip, Prinzip der ansteigenden Belastung, wird der Belastungsumfang und die Intensität von Woche zu Woche angepasst. Die ersten zwei Wochen richten sich, vom Belastungsumfang, an das Heranführen des Minimalprogramms, das für Ausdauertrainingseinsteiger optimal ist (Zintl & Eisenhut, 2001, S. 137). Ab der vierten Woche wird der Belastungsumfang auf dreimal die Woche erhöht um einen neuen Reiz zu setzen. Die fünfte und scheste Woche des Trainingsplans verläuft im Verhältnis 2:1, extensiv:regenerativ. Da die Trainingsintensität und Trainingsdauer in beiden Wochen ziemlich hoch ist, wird an jeweils einem Trainingstag ein regeneratives Training mit einer Intensität von 50-60% Hf_{max} absolviert, jedoch wird das regenerative Training von der fünften auf die sechste Woche in der Trainingsdauer gesteigert (Oliver, Marschall & Büsch, 2008, S. 159). Zudem ist die extensive Dauermethode durch eine Trainingsdauer von 20min. bis mehreren Stunden gekennzeichnet, die kontinuierlich und ohne Pausen stattfindet (Oliver, Marschall & Büsch, 2008, S. 154).

Die Auswahl der Trainingsgeräte beschränkt sich auf das Laufband und den Crosstrainer. Beim Crosstrainer werden von der Testperson Beine, sowie auch die Arme eingesetzt, was den ganzen Körper in den Einsatz bringt. Die möglichen Fehlerbilder und die koordinativen Ansprüche sind zudem eher durchschnittlich, was die Anwendung für einen Einsteiger leichter macht. Das Laufband wurde auch wegen dem Einsetzen des gesamten Körpers während dem Training gewählt. Desweiteren kann das Ausdauergerät in unterschiedliche Geschwindigkeiten und Steigungen eingestellt werden. Der koordinative Anspruch ist höher als beim Crosstrainer, weshalb es auch zu mehreren Fehlerbildern führen kann. Jedoch ist die Testperson aufgrund seiner jugendlichen sportlichen Aktivität das Laufen in den Ausdauereinheiten im Tennistraining gewohnt.

4 Literaturrecherche

Tab. 12: Wissenschaftliche Studien für Effekte des Ausdauertrainings bei Übergewicht (modifiziert nach Corte de Araujo et al., 2012; Besse-Patin et al., 2013)

Studie 1	Fragestellung	Studie 2
Corte de Araujo, Roschel, Picanço, Leite do Prado, Ferreira Villares, de Sá Pinto, Gualano	Wer hat die Studie durchgeführt?	Besse-Patin, Montastier, Vinel, Castan-Laurell, Louche, Dray, Daviaud, Mir, Marques, Thalamas, Valet, Langin, Moro, Viguerie
6. August 2012	In welchem Jahr wurde die Studie publiziert?	27. August 2013
30 übergewichtige Kinder im Alter von 8-12 Jahren ohne regelmäßiges Training	Mit welchen Versuchspersonen wurde die Studie durchgeführt?	Elf übergewichtige Männer ohne Diabetes

Studie 1	Fragestellung	Studie 2
30 übergewichtige Kinder wurden nach Zufallsprinzip in die Ausdauergruppe (30-60min. kontinuierliche Bewegung bei 80% Hf_{max}) oder in die High-Intensity Intervall Trainingsgruppe (3-6 Sätze je 1min.-Sprints 100% Geschwindigkeit, 3min. aktive Erholungszeit 50% Geschwindigkeit) aufgeteilt. Bei Beginn und Ende von zwölf Wochen Training: Bewertung aerobe Fitness, Körperzusammensetzung, Stoffwechselparameter	Wie sah der Versuchsaufbau der Studie aus?	Das Ausdauertraining verlief über acht Wochen. Die Insulinsensitivität wurde bewertet, zudem vor und nach dem Training Fettgewebs- und Vastus lateralis.Muskelbiopsieproben entnommen.
In beiden Gruppen waren nach dem Training die relative und absolute maximale Sauerstoffaufnahme erhöht. Gesamtdauer und Geschwindigkeit wurden verbessert. Insulinämie war beim Test am Ende niedriger als am Anfang. Nach HIT war das Körpergewicht geringer. BMI in beiden Gruppen besser geworden. HIT und Ausdauertraining haben die gleichen Auswirkungen auf die Verbesserung wichtiger gesundheitlicher Parameter aufgezeigt.	Welche relevanten Ergebnisse und Schlussfolgerungen liefert die Studie?	Das Training verbesserte die aerobe Leistungsfähigkeit und verringerte die Fettmasse bei den Probanden. Nach dem Training wurden keine Veränderungen im Muskel wahrgenommen, jedoch wurde ein zweifacher Anstieg vom Apelin-mRNA-Spiegel im Muskel, jedoch nicht in dem Fettgewebe, festgestellt. Die Veränderung in dem Muskel-Apelin-mRNA-Spiegel wirkt sich positiv auf die Verbesserung des gesamten Körperinsulins aus.

5 Literaturverzeichnis

Besse-Patin, Montastier, Vinel, Castan-Laurell, Louche, Dray et al. (2013): Effect of endurance training on skeletal muscle myokine expression in obese men: identification of apelin as a novel myokine. *International Journal Of Obesity* 38, 707 EP -. DOI: 10.1038/ijo.2013.158.

Chalmers et al. (1999): World Health Organization-International Society of Hypertension Guidelines for the Management of Hypertension.

Corte de Araujo, Roschel, Picanço, do Prado, Villares, Sá Pinto et al. (2012): Similar health benefits of endurance and high-intensity interval training in obese children (7).

Friedemann, K. (2017): *Fit sein durch Ausdauer und Kraft. Sporttheorie für die Schule*. Lichtenstein: Promos Verlag GmbH.

Gallagher et al. (2000): Healthy percentage body fat ranges: an approach for developing guidelines based on body mass index.

Hauner, Gries, Wechsler & Schusdziarra (1996): Therapie der Adipositas. *Deutsches Ärzteblatt* (36), A-2214-2218.

Holfeld M., Proske W. & Wiskamp V. (o. J.): Energiebereitstellung im Sport. fächerverbindender Chemie/Sport-Unterricht.

Hollmann, Strüder, Predel & Tagarakis (2006): *Spiroergometrie. Kardiopulmonale Leistungsdiagnostik des Gesunden und Kranken*. Stuttgart: Schattauer.

Löffler, G. (1997): Pathophysiologie des Fettgewebes. *Deutsches Ärzteblatt* (30), A-2003-2006.

Moosburger, K. A. (1996): DIE RICHTIGE BELASTUNGSINTENSITÄT BEIM AUSDAUERTRAINING. *SportAs*.

Oliver, Marschall & Büsch (2008): *Grundlagen der Sportwissenschaft. Grundlagen der Grundlagen der Trainingswissenschaft und -lehre*. 2. Aufl. o.O: hofmann.

Stefan Schurr (2003): *Leistungsdiagnostik und Trainingssteuerung im Ausdauersport*. Norderstedt: Books on Demand GmbH.

Such, U. & Meyer, T. (2010): Die maximale Herzfrequenz. *Deutsche Zeitschrift für Sportmedizin* 61 (12).

Trunz-Carlisi, E. (2004): IPN-Test - der Ausdauertest nach LAGERSTRØM. Hg. v. Institut für Prävetion und Nachsorge. Köln.

Universität des Saarlandes (2016): Grundlegende Definitionen zum Thema Ausdauertraining.

WHO Consultation (1999): Obesity: preventing and managing the global epidemic.

Zintl, F. & Eisenhut, A. (2001): *Ausdauertraining. Grundlagen - Methoden - Trainingssteuerung*. 5. Aufl. München: BLV Sportwissen.

6 Tabellenverzeichnis